走遍世界
很简单

ZOUBIAN SHIJIE HENJIANDAN

希腊大探秘

XILA DATANMI

知识达人 编著

成都地图出版社

图书在版编目（CIP）数据

希腊大探秘 / 知识达人编著 . — 成都：成都地图
出版社，2017.1（2021.10 重印）
（走遍世界很简单）
ISBN 978-7-5557-0367-9

Ⅰ.①希… Ⅱ.①知… Ⅲ.①希腊－概况 Ⅳ.
①K954.5

中国版本图书馆 CIP 数据核字 (2016) 第 121061 号

走遍世界很简单——希腊大探秘

责任编辑：魏小奎
封面设计：纸上魔方

出版发行：成都地图出版社
地　　址：成都市龙泉驿区建设路 2 号
邮政编码：610100
电　　话：028－84884826（营销部）
传　　真：028－84884820

印　　刷：唐山富达印务有限公司
（如发现印装质量问题，影响阅读，请与印刷厂商联系调换）

开　　本：710mm×1000mm　1/16
印　　张：8　　　　　　　字　　数：160 千字
版　　次：2017 年 1 月第 1 版　　印　　次：2021 年 10 月第 4 次印刷
书　　号：ISBN 978-7-5557-0367-9
定　　价：38.00 元

前　言

　　美丽的大千世界带给我们无限精彩的同时，也让我们产生很多疑问：世界上到底有多少个国家？美国到底在什么地方？为什么奥地利有那么多知名的音乐家？为什么丹麦被称为"童话之乡"？……相信这些问题经常会萦绕在小读者的脑海中。

　　为了解答这些问题，我们精心编写了这套《走遍世界很简单》系列丛书，里面蕴含了世界各国丰富的自然、地理、历史以及人文等社会科学知识，充满了趣味性和可读性。

　　本系列丛书人物对话生动有趣，文字浅显易懂，并配有精美的插图，是一套能开拓孩子视野、帮助孩子增长知识的丛书。现在，就让我们打开这套丛书，开始奇特的环球旅行吧！

路易斯大叔

美国人，是位不折不扣的旅行家、探险家和地理学家，足迹遍布全世界。

多多

10岁的美国男孩，聪明、活泼好动、古灵精怪，对一切事物都充满好奇。

米娜

10岁的中国女孩，爸爸是美国人，妈妈是中国人，从小生活在中国，文静可爱，梦想多多。

目录

目 录

路易斯大叔自从上次去大峡谷探险后，就一直窝在家里，对于喜欢旅行的路易斯大叔来说这是件多么不可思议的事情啊，为什么呢？原来是因为他在那次探险中遇险了，还好伤情不是很严重，只是腿骨折了，打上了厚厚的石膏，不能随心所欲地到处行走，所以他就只能窝在家里了。

自从路易斯大叔受伤后，多多和米娜也恢复了正常的上学、放学的学生生活。这可难为了活泼好动的多多和喜欢新鲜事物、梦想多多的米娜。

　　今天一放学，这两个小家伙就迫不及待地打开家门口的信箱，伸长脖子往信箱里面看，可发现信箱还是空空的，两个小家伙垂头丧气地往家走去。

　　"哎，我感觉我身上都快发霉了！"多多唉声叹气地说。

　　米娜也有气无力地说："是呀，如果路易斯大叔没受伤就好了！"

　　　　　　　　　　　　　　"是呀！"多多叹气。

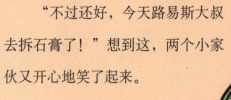

"不过还好，今天路易斯大叔去拆石膏了！"想到这，两个小家伙又开心地笑了起来。

推开门，多多和米娜齐声说："路易斯大叔，我们放学回来了！"

可家里十分安静，没人回应他们。

多多和米娜疑惑地对视了下，说："路易斯大叔不在家吗？还没回来吗？"

"不可能，他今天一早就去医院了，脚上的石膏不可能一整天都没拆完的"多多摇头否定。

"不会石膏拆除失败，脚还没好？"米娜突然说。

多多和米娜心中一惊，大叫一声："不妙！快找！"

多多跑去了卧室，米娜跑去了卫生间，找了一大圈，两人都没找到路易斯大叔的人影，最后他们在客厅桌子上发现了一封展开的信。

多多和米娜紧紧地盯着那封信，心底泛起一丝焦虑与不安。

多多慢慢地伸过手去想要拿起信来看看发生了什么事。

突然，家门被打开，传来熟悉并令人兴奋的声音，"多多、米娜，你们回来啦！快点收拾行李！"拎着大包小包的路易斯大叔从门外走了进来。

"路易斯大叔，你的脚好了？"米娜担心地问。

"好是好了，但是仍然不能做剧烈运动。"路易斯大叔轻轻敲了敲自己的双腿。

"路易斯大叔，你让我们收拾东西去哪里？"多多问。

"有个杂志社请我写一篇希腊游记，所以我们三人立马就要出发去希腊，我不仅买好机票和日用品了，还给你们的学校打了电话，为你们请了长假。"路易斯大叔兴奋地说。

两个小家伙一听又有旅行任务，高兴极了，立马跑回自己的房间，并以最快的速度整理好自己的行装。

"我们整理好了！路易斯大叔。"多多和米娜整齐待发地出现在客厅里。

"好，我们出发！"路易斯大叔背好行囊，领着两个小家伙一起走出了家门。

希腊！我们来啦！

第1章

女神守护的城市

今天阳光明媚，路易斯大叔、多多和米娜踏上了去往希腊的旅途。

在飞机上，多多兴奋地问："路易斯大叔，我们要去希腊的哪里啊？"

"多多问得好！希腊好玩的地方可多了，我们第一站要去哪里呢？"路易斯大叔边说边思考。

"叔叔，我们的旅行计划还没定好吗？"多多嘀咕。

"不可能吧？"米娜也感到困惑。

路易斯大叔瞧着两个小家伙不解的表情，决定给点提示："你们知道雅典娜吗？"

"我知道，我知道！"多多抢先回答，米娜也点点头。

多多接着说："我读过希腊神话，其中记载着许多有关雅典娜的故事，她是一位女神，既聪明又有正义感。"

"难道我们要去的城市和雅典娜有关？"米娜欣喜地问。

路易斯大叔点点头，说：“我们希腊之旅的第一站就是首都雅典。从这座城市的名字上，我们就可以看出雅典城与雅典娜女神之间是有一定联系的。在希腊神话中有这么一则故事：有一座城市陷入水深火热之中，是女神雅典娜拯救并保护了它，于是这座城市就被命名为‘雅典’。”

“哇！这座城市真是值得我们去瞧一瞧！”多多欢呼。

“多多说得对，我也很想去看看这座雅典娜女神守护的城市。”米娜开心地拉着路易斯大叔的手说道。

路易斯大叔、多多和米娜三人经过一段时间的行程，

终于来到了雅典城。

"这个雅典城不是首都吗？这里怎么还有破损的建筑啊！这些危房，为什么不把它们拆掉？"多多盯着眼前那一座座破损的建筑问起路易斯大叔。

"我想，这些破损的建筑应该是属于古建筑，它们是雅典的历史遗迹吧。"米娜发表了自己的见解。

路易斯大叔笑呵呵地说："这些建筑确实有一定程度的破损，但可不能小瞧了它们，它们可是著名的雅典卫城！来希腊旅游观光的人们，一定会来参观雅典卫城的！"路易斯大叔说完后就拿起相机开始捕捉喜欢的景象。

多多和米娜跟着路易斯大叔一起在雅典卫城里转悠着，他们来到了一座建筑面前，这是一座体积

十分庞大的建筑，周围竖立着无数根粗壮的柱子，在柱子的上面是破损严重的屋顶。

"这是什么建筑啊？这么大！"多多问。

"这座建筑是帕特农神庙，你们仔细观察它的柱子，柱身上没有多余的装饰，只有一根根简洁的竖式线条，这就是著名的多立克柱式。以前这里面还摆放着雅典娜的女神像呢，只可惜它在历史长河中已经遗失了。"路易斯大叔一边拍照一边说。

多多和米娜经路易斯大叔这么一介绍，瞬间明白了许多。

路易斯大叔不断地拍照收集素材，多多和米娜就自由地在附近逛着。他们发现了和刚才完全不同的柱子。

有一座建筑上的柱子居然是一位位站立着的人，而且每根人像柱子都各具风采；还有一种柱子的柱身上虽然也有简洁的竖式线条，但整个柱子没有刚才帕特农神庙的柱子那么粗壮，柱身比较纤细，而且在它的柱头上还有像漩涡一样的装饰。

"这座建筑的柱子是人像柱！"多多惊叹道。

"这是伊瑞克提翁神庙，这些精美的人像柱子无论是在美学还是建筑学上都享有盛名，不过神庙中的人像柱子是复制品，真品被保管在博物馆里呢！"不知何时来到他们身边的路易斯大叔说。

"叔叔你看这种柱子，它很像多立克柱式，但又有不同的地方，没有多立克柱式的那么粗，这种柱子是什么样式的呢？"米娜发问。

"我也想知道。"多多说。

路易斯大叔说："这是爱奥尼柱式。"

多多和米娜一起点头，说："哦！我们知道了。路易斯大叔知道的东西真多！"

"那当然，路易斯大叔知道的东西可多了！雅典卫城的建筑中还有一座雅典娜女神殿，你们想去看吗？"路易斯大叔问。

"想！"多多和米娜齐声回答。

不等路易斯大叔发话，多多和米娜就冲了出去。

"你们知道哪一座才是雅典娜女神殿吗？"路易斯大叔在后面提醒。

多多和米娜停下脚步，心想：是呀，这么多建筑，哪一座才是雅典娜女神殿啊？

两个孩子垂头丧气地走了回来，说："叔叔，到底哪一座才是雅典娜女神殿啊？快点告诉我们吧！"

"刚才你们已经知道了不同的柱式，大叔给你们一点提示，雅典娜女神殿的柱子是爱奥尼柱式，在建筑的东面还有雅典娜的浮雕。我就提示这么多，你们能找到吗？"路易斯大叔说。

"有了你的小提示，我们一定会找到的雅典娜女神殿的，谢谢大叔！"多多和米娜异口同声地说。

多多挑了挑眉毛，对米娜说："我们来场比赛吧！看谁先找到雅典娜女神殿！怎么样？"

"好的，我一定会比你先找到。"米娜兴奋地回答。

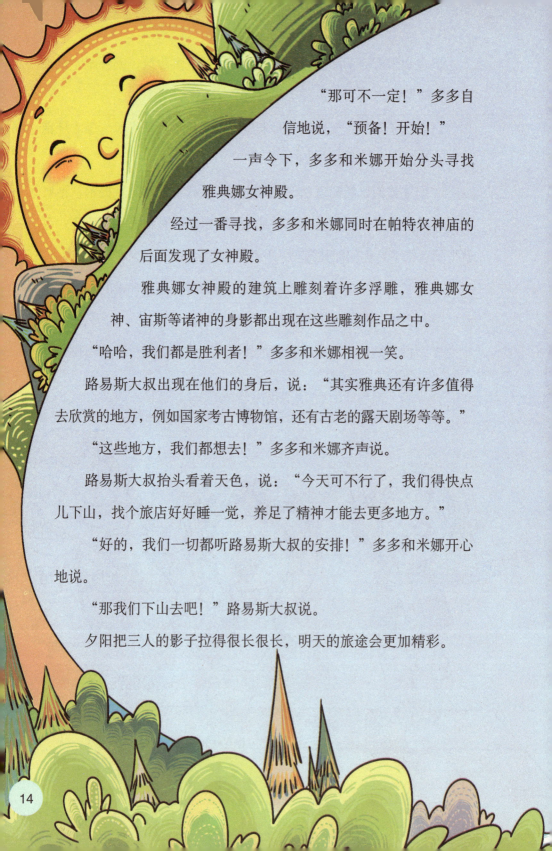

"那可不一定！"多多自信地说，"预备！开始！"

一声令下，多多和米娜开始分头寻找雅典娜女神殿。

经过一番寻找，多多和米娜同时在帕特农神庙的后面发现了女神殿。

雅典娜女神殿的建筑上雕刻着许多浮雕，雅典娜女神、宙斯等诸神的身影都出现在这些雕刻作品之中。

"哈哈，我们都是胜利者！"多多和米娜相视一笑。

路易斯大叔出现在他们的身后，说："其实雅典还有许多值得去欣赏的地方，例如国家考古博物馆，还有古老的露天剧场等等。"

"这些地方，我们都想去！"多多和米娜齐声说。

路易斯大叔抬头看着天色，说："今天可不行了，我们得快点儿下山，找个旅店好好睡一觉，养足了精神才能去更多地方。"

"好的，我们一切都听路易斯大叔的安排！"多多和米娜开心地说。

"那我们下山去吧！"路易斯大叔说。

夕阳把三人的影子拉得很长很长，明天的旅途会更加精彩。

第2章

探秘国家考古博物馆

第二天，天刚刚泛起鱼肚白，多多和米娜就迫不及待地起床了。

"路易斯大叔，快点起床！快点起床！"多多敲着路易斯大叔的房门。

路易斯大叔打开房门："嘿！两个小家伙起得真早！"

"路易斯大叔，今天我们要去哪？"多多开门见山地问，米娜也期待地盯着路易斯大叔。

"今天我们要去考古！"路易斯大叔打着哈欠说。

经过一番准备，三人出了门。

不久后，他们来到了一座雄伟壮观的建筑面前，在这座建筑的正门入口处，竖立着四根爱奥尼柱子，路易斯大叔不由分说地拿起相机开始拍照。

"这有什么好拍的？"多多问。

米娜也不解地盯着路易斯大叔。

"这是希腊的国家考古博物馆，虽然它的外观和雅典卫城比起来是一座完整的新建筑，但是它也有100多岁了，所以这座建筑本身也是一件珍贵的文物。大叔当然要好好地拍下来！"路易斯大叔说。

"那我们还在等什么，快点进去瞧瞧吧！"多多率

先走进了博物馆。

米娜拉着路易斯大叔的手，也紧紧跟在后面走了进去。

沿着入口大厅直走，出现在三人眼前的是迈锡尼展厅。

"哇！好多黄金，瞧瞧这面具，超酷！"多多指着一件黄金面具兴奋地说。

顺着多多指向的地方，米娜来到了3号展柜，她看到了一件黄金制作的面具，走进细瞧，旁边牌子上写着"阿伽门农面具"。这是一件泛着金黄色的黄金面具，它有着一张完整的人脸，凸起的双眼看起来炯炯有神，眼睛上方的眉毛根根可见，眼睛中间是坚挺的鼻梁，抿着的嘴巴散发着似有似无的微笑，嘴上方的胡子和从两耳开始到下巴处的胡须更是根根分明，连容易被忽视的耳朵内轮廓也清晰可见。整件作品给人一种细腻、写实的感觉。

米娜感叹道："希腊人好厉害！"

"嗯！"多多也点头赞成米娜的观点，接着说，"我们去别处转转吧！"

三人走出了迈锡尼展厅，继续参观其他的地方。

他们来到了有许多雕像作品的展厅。

"呀！这个雕像没穿衣服！"米娜有点害羞，不敢看。

"古希腊人非常喜欢展示自己健康美丽的身体，他们认为这是一种人体的艺术美，所以古希腊人创造的人像雕塑有许多都是裸体的。"路易斯大叔在旁边解释。

"路易斯大叔说得对！我们的身体本身也是一种艺术。"多多说。

"哦！"米娜听完后，对人体雕像有了新的认识，于是和多多一起仔细地欣赏那些雕像。

展厅里摆放着许多雕塑作品，有《库罗斯》、《吹笛者》、《安基西拉青年人立像》、《波塞冬》等精美的雕像。

不过，多多和米娜最喜爱的作品还是《雅典娜》这座雕像，因此两人在这座雕像面前停留的时间是最长的。

这件雅典娜女神的雕像使用的材料是大理石，在灯光的照耀下闪着洁白的光芒。雅典娜女神左膝微微弯曲地站立着，她身披战袍，战盔上装饰着斯芬克斯和格里芬斯的雕像，右手托着一座长着翅膀的小人像，左手扶着她的盾牌，盾牌上还雕刻着一条扭曲着身体的巨蛇。

"好美！"米娜和多多不约而同地说。

"这件雅典娜女神的复制品确实很美。"路易斯大叔在一旁说。

"复制品！"多多和米娜惊呼。

"存放在博物馆的女神像是人们根据原作复制出来的，被毁掉的原作是用木头、象牙和大量的黄金创作而成的。"路易斯大叔补充说。

"雅典娜女神雕像居然还有这么一回事呀，不过这复制品也是珍贵的文物啊！"多多发自肺腑地赞叹。

"是呀，雅典娜女神像可真美！"米娜也十分喜欢雅典娜女神雕像。

"呵呵！"路易斯大叔笑了起来，说，"我们感叹赞美完后，就继续去参观博物馆吧，博物馆里可是珍藏了许多文物哦！"

"谢谢大叔的提醒，我们可要抓紧时间了，要不然今天可能会来不及参观完整座博物馆。"多多说。

路易斯大叔、多多和米娜三人继续在这有着丰富藏品的博物馆里遨游探秘。

波塞冬青铜雕像

　　波塞冬是希腊神话中的海神，能引起海啸和地震的三叉戟是他的武器，他还是海员和渔民最崇拜的神。波塞冬青铜雕像的人体结构比例精准，加上结实而又生动的体态，充分体现了古希腊人高超的青铜铸造技术。此青铜雕像是1928年在埃维亚岛发现打捞出来的，现存放在雅典国家考古博物馆里。

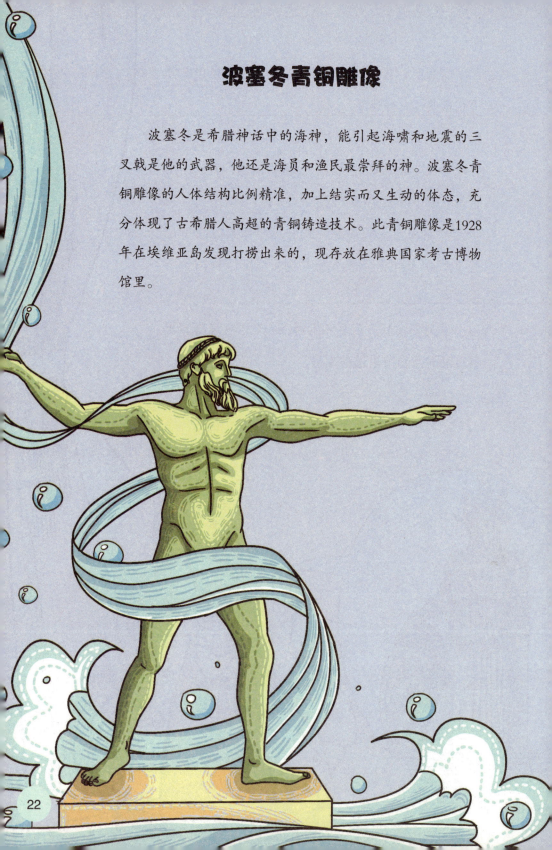

第3章

古老的露天剧场

路易斯大叔、多多和米娜三人已经在雅典城待了两天。

今天早上，三人一起坐在餐厅里享用着早餐。

"路易斯大叔，今天我们要去哪里探秘啊？"多多一边吃着早饭，一边急切地问路易斯大叔。

米娜虽然安静地吃着早饭，却也竖起耳朵，仔细聆听着路易斯大叔的回答。

"我们今天会去一个古老的剧场。"路易斯大叔回答。

"好棒！我们喜欢去剧场。"多多和米娜听说要去剧场都很开心。

吃过早饭，三人稍作准备后就出发了，他们先来到了卫城山脚下，然后沿着山脚绕到了卫城的西南面。

一座古老的建筑出现在三个人的眼前，路易斯大叔告诉两个小家伙，这就是剧场。这座剧场建造在山坡上，就好像是生长在这卫城的山坡之上。三人走近剧场，在剧场的入口处有着许多门廊，三人穿过门廊走进去，出现在他们眼前的是一块圆形的场地，曾经它是演员们表演节目的舞台。抬头望去，在山坡上排列着一排排的座位，形成

一个巨大的半圆形，这些座位依靠着山体逐层提高。这座剧场没有屋顶，抬头就可以看见蓝天和白云。

　　"这座剧场居然建造在山坡上，古希腊人太有创意了。"多多感叹道。

　　"这座剧场叫什么名字？"米娜问路易斯大叔，她很想知道这么壮观的剧场叫什么名字。

　　"它的名字叫作'狄奥尼索斯'，是一座十分古老的剧场。"路易斯大叔说。

　　"这剧场的舞台、座位都保存得地挺好的，就是这个屋顶全没了。"多多说。

　　"哈哈！"路易斯大叔笑了起来，说，"可爱的小家伙，这座剧场本来就没有屋顶，它是一座露天的剧场。"

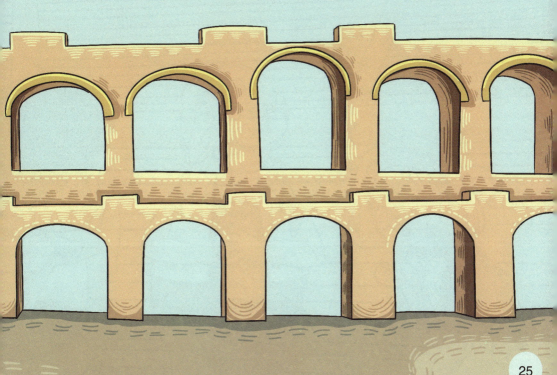

"原来它是露天剧场啊！"多多和米娜恍然大悟。

"认识阿里斯托芬吗？"路易斯大叔突然问两个小家伙。

"阿里斯托芬？好像有点印象。"多多斜着脑袋想。

米娜瞧着多多的表情，猜测他想不出，于是带着疑问望向路易斯大叔。

"阿里斯托芬是一位优秀的希腊人，他的优秀源于他写过许多喜剧作品，《和平》、《鸟》等都是他的代表作，因为他为希腊喜剧作出了重大的贡献，所以人们都尊称他为'喜剧之父'。"路易斯大叔说。

"难道阿里斯托芬的作品曾经在这里演出过？"米娜兴奋地问路易斯大叔。

"米娜说得对，阿里斯托芬的作品曾经在这个露天剧场演出过。除了他的作品，还有埃斯库罗斯、欧里庇得斯、索福克勒斯等人的作品也曾在狄奥尼索斯剧场演出过哦！"路易斯大叔说。

"欧里庇得斯和索福克勒斯也是很有名的喜剧作家吗？"多多问路易斯大叔。

"他们不是喜剧作家。"路易斯大叔摇摇头，说，"埃斯库罗斯、欧里庇得斯和索福克勒斯三人与阿里斯托芬的创作风格正好相反，他们擅长创作悲剧作品。"

"居然有这么多作家的名作在这演出过，这可真是个厉害的剧场啊！"多多由衷地感叹。

"是的。"米娜听完后也十分佩服。

在一问一答之间，路易斯大叔、多多和米娜已经爬到了最高的观众席上，远处的街道尽收眼底，环顾四周，绿意葱茏，风中还带来了阵阵清香，米娜不禁抬头，看到了有白云轻轻飘过的蓝天。

"人们坐在露天的观众席上看戏剧表演真是一件幸福的事情，不仅能看到精彩的表演，还能欣赏到周围美丽的景色！"米娜转头对多多说。

"是呀，古希腊人真聪明，把剧场建造成露天的。白天既能欣赏演出，也能欣赏自然的美景，只可惜晚上不能看啊！"多多说。

"呵呵，古希腊人都习惯在白天欣赏戏剧表演，他们是不会错过同时享受艺术美和自然美的机会的！"路易斯大叔说。

"叔叔，你看那边是什么？"多多指着剧场东侧的一个由石块围起来的圆形。

"那是酒神剧场，'狄俄尼索斯'就是酒神的名字。"路易斯一边拍照一边回答。

"真的吗？"两个小家伙丢下拍照的路易斯大叔，就跑向旁边的酒神剧场去了。

路易斯大叔在观众席上拍完照片之后，也去了酒神剧场。

两个小家伙站在酒神剧场旁边的小路上，正在说话。

"我回去要认真地拜读阿里斯托芬的作品。"多多说。

"我也是，我们还可以交流读书心得，除了喜剧，我还想去了解下悲剧作品。"米娜说。

"两个小家伙都很认真啊，回去大叔陪你们一起读！"路易斯大叔乐呵呵地说。

于是，三人怀揣着读书计划回到了旅馆。

古希腊剧场

　　古希腊最早的剧场建造于公元前5世纪。依靠着山坡建造的露天剧场有演员表演的乐池、演员换衣服和面具的景屋以及容量庞大的观众席三部分。除了古老的狄奥尼索斯剧场，希腊还有著名的埃庇道鲁斯剧场。埃庇道鲁斯剧场的最大亮点是演员身处舞台进行表演的时候，演员的声音可以传播到剧场里的每一个角落。剧场的出现，推动了大量艺术作品和大师的诞生。

第4章

现代奥运之父

今天阳光明媚，路易斯大叔、多多和米娜三人吃过早饭，就去雅典城里逛街了，路易斯大叔对着雅典城里的建筑和街道拍了许多的照片，而多多和米娜就跟在路易斯大叔的身后，静静享受着悠闲的时光。

"雅典的早晨好安静啊！"多多说。

"是呀。"米娜点点头。

三人沿着街道慢慢地行走着，突然发现前方出现了一片茂密的树林。

"叔叔，那边有公园呢。"多多指着那片树林说。

"我们去公园转转吧。"米娜提议。

还没等路易斯大叔说话，多多和米娜就一前一后地跑向了那片树林。

路易斯大叔笑着跟在他们的身后，心想：等他们到了那片树林，就会知道那里是什么了。

穿过树林，多多和米娜惊喜地发现，呈现在他们眼前的是一个巨大的"U"型运动场。

"这里有运动场！"多多欢呼。

"这是雅典的现代奥运会会址，1896年在这里举办过第一届现代奥运会。"赶上他们的路易斯大叔在他们的身后说。

在运动场入口前是一个宽敞的广场，站在这里放眼望去，大理石建筑的现代奥运会会址好似洁白的云朵镶嵌在绿树之间，映衬着湛蓝的天空，显得格外纯净。

三人穿过广场，走近运动场的入口处，入口两旁的矮墙上分别矗立了十根细长的柱子，在右边最后一根柱子上面悬挂着奥运会的会旗。因为运动场是关闭的，所以三人只能站在栅栏外欣赏。在远处观众席的最上面竖立着白色的奥运五环，中间一条过道把观众席分为上下两段，许多小过道分布其中。

"好美的运动场！"米娜说。

"这运动场真壮观！"多多不禁感叹，说，"路易斯大叔，为什么说这是现代奥运会会址？奥运会还有古今之分吗？"

"奥运会当然有古今之分，古代奥运会在一千多年前曾被禁止举行。后来，有一群对它感兴趣的学者和体育爱好者们重新掀起了奥运热潮，这才诞生了'现代奥运会'。现代奥运会虽然在名字上沿用了'奥林匹克'，但与古代奥运会是有不同之处的。"路易斯大叔解释说。

"生命在于运动，人们应该参加体育锻炼，多多锻炼身体。"多多抢先说。

"是呀，虽然我在运动方面比较薄弱，但我赞同多多的想法。"米娜点头说。

"呵呵，'生命在于运动'，说得好！曾经有一位法国人也认识到了运动的重要性，所以他在1883年大胆提出要重新举行奥运会比赛。"路易斯大叔高兴地说。

"那现在还能顺利举办奥运会就是他的功劳喽？"多多惊讶地说。

"这位值得尊敬的人是谁？"米娜问道，她也很佩服那人。

"这位热爱体育的法国人叫皮埃尔·德·顾拜旦，他不仅提出要重新举行奥运会，还设计了奥运会的会徽和会旗，所以后人尊称他为'现代奥林匹克之父'。"路易斯大叔介绍说。

"我太崇拜他了，皮埃尔·德·顾拜旦将成为我的偶像！我以后

也要成为一名运动健将！"多多朝着路易斯大叔和米娜宣布自己的决定。

"呵呵，这是一件好事！"路易斯大叔笑呵呵地说。

米娜也伸出大拇指称赞多多的决定。

路易斯大叔需要的照片差不多都拍好了，于是他看了看手表，对两个小家伙说："时间差不多了，我需要的照片已经拍好了，我们现在应该赶回旅馆，照顾我们的肚子了。"

"好吧！"多多和米娜跟着路易斯大叔依依不舍地往旅馆出发。

现代奥林匹克之父

现代奥林匹克之父——顾拜旦。奥林匹克运动会因为他渐渐地成为全世界、全人类共享的体育盛会。他从小就喜欢击剑、骑马等运动，所以长大后才会对奥林匹亚遗址及文物十分感兴趣，并在此之后提出要恢复古代奥运会的光荣历史。如今他的心脏安放在奥林匹亚，与奥运精神一起跳动。

第5章

穿越到19世纪的雅典购物

　　路易斯大叔、多多和米娜三人在雅典已经待了好几天了，这几天他们三人收集了许多有关雅典的资料。路易斯大叔心想：我应该带两个小家伙去逛一逛雅典的街市，买点当地的小礼品。

　　于是，在吃午饭的时候，路易斯大叔开门见山地说："今天下午路易斯大叔会带你们去逛街，买东西。"

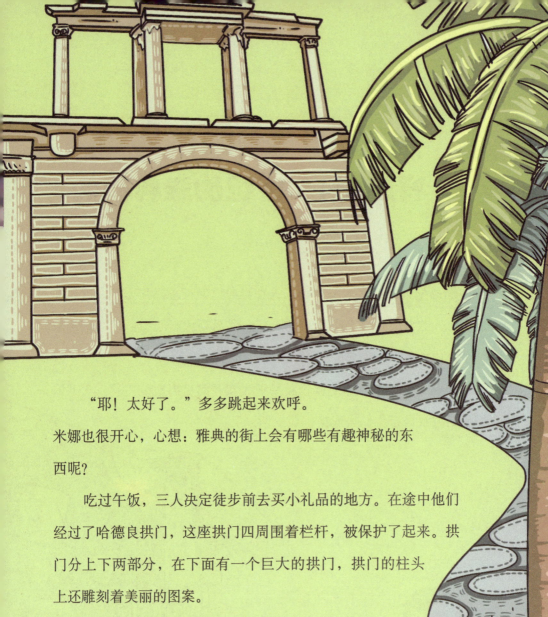

　　"耶！太好了。"多多跳起来欢呼。

米娜也很开心，心想：雅典的街上会有哪些有趣神秘的东

西呢？

　　吃过午饭，三人决定徒步前去买小礼品的地方。在途中他们

经过了哈德良拱门，这座拱门四周围着栏杆，被保护了起来。拱

门分上下两部分，在下面有一个巨大的拱门，拱门的柱头

上还雕刻着美丽的图案。

　　穿过哈德良拱门，三人继续朝北走去，没过多久就

看到了一排高大的椰子树，周围绿树环绕，草坪上、绿树

间开放着红色、白色、黄色的鲜花，一群鸽子或走或飞翔地

分布在石板路和草坪上。

　　"公园里有好多鸽子！"多多惊喜地说。

　　"是呀，这里还开了很多漂亮的花呢！"米娜也很喜欢这个地方。

　　"这里是国家公园，里面有许多小动物，还有鸡和鸭这些家禽。"路易斯大叔做了一个简洁的介绍。

　　三人没有在国家公园多做停留，他们继续前行，往北走了一会儿，就来到了宪法广场，因为不是整点，所以没有看到士兵的换岗仪式。

　　"这个广场有什么东西可以买？"多多四处张望，禁不住问路易斯大叔。

　　"是呀。"米娜也走得有点灰心了，因为一路走来，基本没看到卖好玩、有趣东西的商店。

　　"喏！那边就是我们要去的购物天堂。"路易斯大叔指着西方说。

　　"购物天堂就在那边？我们终于到了！"多多和米娜提起了精神。

　　路易斯大叔带着多多和米娜穿过广场来到了布拉卡区，紧靠着雅典卫城的它与雅典城其他地方不同，里面有着一条条蜿蜒而狭窄的小巷，地面上铺着一块块石板。

"雅典城里居然还有石板路！"多多惊讶地说。

"这是雅典的布拉卡区，别看这街区陈旧，这里可是体验希腊风土人情最棒的地方。如果你想要走在19世纪的雅典城里，布拉卡区就是最好的地方，这也是吸引游客前来观光的原因之一。"路易斯大叔解释说。

"那就好像是穿越到了19世纪的雅典。"米娜说，心里已经开始幻想着自己走在19世纪的雅典城里了。

"穿越？米娜的想象力真丰富！"多多翘起大拇指佩服地说。

路易斯大叔笑呵呵地点点头。

"那还等什么，我们进去吧！"多多说完，拉着米娜和路易斯大叔就冲了进去。

布拉卡区有两条主要的观光线路，他们首先走进的是Kidathineon路，这条路上分布着许多餐厅、酒吧和旅馆，多多和米

娜对此都不感兴趣。于是他们转去了Adrianou路，在这条街道上分布着各式各样的商店，商店里出售着各种纪念品、艺术品、珠宝等商品。

路易斯大叔提醒他们，说："你们可以自己设计图纸，然后请手工艺人们帮忙制作。"

"太棒了！"多多和米娜一头扎进了购物热潮中，路易斯大叔也走进了一家店里。

过了很久，三个人心满意足地从商店里走出来。

"小家伙们，你们都买了什么？"路易斯大叔笑着问。

"我买了明信片哦！这上面有雅典的风景，很漂亮吧！"多多炫耀起自己的胜利品。

"我买的东西也很美，我请店里的师傅帮我打造了一对橄榄花冠的银质耳环！这可是我自己设计的。"米娜打开盒子，展示自己的创意。

"叔叔，你买了什么？"多多转头问路易斯大叔。

路易斯大叔打开自己的包，说："我选了几幅仿古地图。"

路易斯大叔拿出一张仿古地图给多多和米娜欣赏，仿古地图的尺寸和一张A4纸差不多，地图的颜色虽然类似泥土色，但却有一种岁月久远的质感，怪不得称它为"仿古地图"呢。

路易斯大叔高兴地说："旅行家们都喜欢把仿古地图带在身上。"

"我也想要，路易斯大叔快带我去买！"多多拉着路易斯大叔的手说。

"我也想要！"米娜也紧紧地攥着路易斯大叔的衣角。

"好，小旅行家们请跟我来！"路易斯大叔收好自己的仿古地图，领着两个小家伙朝着刚才的艺廊走去。

布拉卡区的夜晚也很热闹，三人一直逛到了天黑。夜幕降临时，餐厅的露天座位上就会点起蜡烛，四周也会响起一些很有情调的乐曲，人们都喜欢在这种欢快的氛围里用餐。有些手工艺人们会带上自己的手工作品在夜晚的街道上摆摊，给夜晚的布拉卡区聚集了不少人气。

经过一番血拼，三人带着硕果心满意足地回到了旅店。

第6章

为什么古奥运会场上没有女性？

几天之后，路易斯大叔、多多和米娜三人离开雅典踏上了新的旅途，这次他们要去希腊的奥林匹亚。

"叔叔，我们还有多久能到奥林匹亚？"多多从知道要去奥林匹亚后，就一直不停地问路易斯大叔。

坐在位子上的路易斯大叔闭着眼睛休息，全然不理会多多的提问。

"多多安静一点，你这个问题一直问，问得叔叔都睡着啦！"米娜笑着说。

　　"我不过是太想知道什么时候能到奥林匹亚嘛！"多多嘟着嘴委屈地说。

　　"应该很快就能到奥林匹亚了，你就让叔叔稍微休息下，他最辛苦了。"米娜轻轻地对多多说。

　　于是，在一个人睡觉、一个人看书、一个人焦急地来回走动中，时间不知不觉地就过去了。

　　路易斯大叔、多多和米娜终于来到了伯罗奔尼撒半岛，因为奥林匹亚就在它的西部山谷中。

在去往奥林匹亚遗址的路途中，到处植满了茂盛的树木。

"好香！"多多嗅了嗅，在空气中闻到了一种香甜的气味。

"我闻过这种香味，这是桂花！"米娜也闻到了，惊喜地说。

"米娜说得对，现在是九月，正是桂花开放的好季节！"路易斯大叔夸奖米娜。

三人在树林中发现了许多桂花树，一簇一簇的黄色桂花盛开在枝头。路易斯大叔说："看到这桂花，我又

想到了另外一种植物，它的树上应该结了许多果子，你们去找找看，我相信在这片树林里应该有它的踪影。"

"好！"多多和米娜听到有寻找任务，立马来了精神。

没过多久，他们就在一片暗绿色的树叶中间，发现了淡绿色的果子。这种果子中间圆圆的，两头尖尖的，是椭圆形的，就好像是橄榄球。路易斯大叔告诉他们这是橄榄果，它可以做成橄榄油，还可以制作成干果。

"我记起来了，橄榄树枝可以做成一个环状的桂冠，奥运会获奖的运动员头上带的就是它，那是神圣和荣誉！"多多神气地说。

"呵呵，是的，多多说得很对！而且奥运会的会徽上也有它的身影。"路易斯大叔高兴地补充说。

"我最喜欢运动了，真想快点看到奥林匹亚遗址！"多多激动地说。

"那就加快脚步吧！"路易斯大叔说。米娜也点点头。

没过多久，他们就来到了奥林匹亚遗址，映入眼帘的是一些严重破损的石块和断柱。在一些断柱的身上，依稀可见一根根竖式线条，以此可见这些断柱是典型的希腊石柱，从石块和断柱分布密集的程度来看，这里曾经有着许多典型的希腊建筑。

在这些石块和断柱之间，还有着一条条纵横交错的路，因为是旅游景点，所以路面维护得很好，路易斯大叔、多多和米娜三人沿着这些路往里走去。

"哇，古希腊的勇士们就是在这里举行运动会的！这么多建筑残骸，可见当时奥运会是多么兴盛。"多多激动地说。

"你们瞧这个，这里说不定就是运动员们休息的地方！"多多指着一处由建筑残骸围起来的地方说。

"再看这个，说不定是运动员们洗澡的地方！"多多兴奋地做着搓澡的动作。

"多多，你也太夸张了吧？"米娜抿着嘴笑。

"怎么可能不兴奋呢，这是勇士的体现！小女孩是不懂的。"多

多双手抱胸地说。

"小女孩怎么了？女性在奥运会上的表现不输男性，很多女性都得过奥运金牌呢！"米娜不服输地说。

"在古希腊，参加奥林匹克竞技的选手，只能是男性。"在两人旁边拍照的路易斯大叔突然发出声音。

"为什么？"米娜皱眉，不明白地问。

"首先，在古希腊时代，社会普遍认为女性是柔弱的，不适合参加运动。其次，当时参加奥林匹克竞技的男选手们，为了展示自己健美的体格，身上是不穿衣服的，所以女性不仅不能参加运动比赛，还不允许在旁边观看比赛。"路易斯大叔解释说。

"哎！"米娜无奈地叹气。

路易斯大叔马上转移话题，说："在前面还有宙斯与赫拉的神庙，这些都是这里著名的景点，我们一定要去瞧瞧！"

"好的！"多多和米娜齐声回答。

三人朝着奥林匹亚遗址的中心走去。

伊菲图斯

公元前9世纪，在希腊伊利斯有一个国王，他叫作伊菲图斯，他十分热爱体育运动，所以创办了古代奥林匹克运动会。他亲力亲为地修订了运动会的比赛项目，制订了四年一届的比赛周期。公元前776年举行的古奥运会只有一个竞技项目——场地跑，冠军获得者叫科罗巴斯。后来被刻在青铜盘上的《神圣休战协定》也是伊菲图斯提出的。

第7章

奥运圣火采集地——赫拉神庙

路易斯大叔、多多和米娜三人继续朝着奥林匹亚的神庙区前行。

"路易斯大叔、米娜，你们快点！"多多边跑边回头喊。

"多多跑慢点儿，等等我们！"路易斯大叔和米娜走在后面，对兴奋的多多只能摇摇头。

很快，三人就来到了阿尔提斯，它呈现出一个不规则的四边形，北边是克洛洪斯山，其他三边是三面人工筑造的墙，里面建造了许多神庙，整个阿尔提斯看起来就好像是被围起来的神庙区。

"在我们面前的是阿尔提斯，里面有主神宙斯的神庙，还有他妻子赫拉的神庙，还有宝库等许多建筑。"路易斯大叔一边拍照，一边解释给多多和米娜听。

"里面有宝库呀，我们快点进去！"多多一听有宝库，更加来劲。

"呵呵！"路易斯大叔和米娜笑着跟在多多身后走进了神庙。

多多一口气就跑到了阿尔提斯的中心地带，挥着手对远处的路易斯大叔和米娜说："路易斯大叔、米娜快点儿

走，我在这里等你们。"

路易斯大叔不急不躁地边走边拍。

米娜加快脚步，很快赶到了多多的身边。她发现周围都是一些破损十分严重的石块，不过从石块的形状，能看出它们都是典型的希腊石柱。有些断柱的底座还立在用石块堆砌的石基上，还有一些断柱已经散落在旁边的草地上。

"多多，这里有石块堆砌的石基，上面还稳稳地立着断损的石柱，这石柱真粗，可见当初这座建筑是多么的雄伟！"米娜边瞧边分析着说。

"是呀，也不知道这是什么建

筑。"多多说。

"这是宙斯的神庙。"赶上两个小家伙的路易斯大叔说。

"主神宙斯?"多多问。

"是的!"路易斯大叔说。

"怪不得这柱子这么粗，原来是宙斯的神庙呀！"米娜惊讶道。

"这里是宙斯神庙，那赫拉神庙在哪里呢？"多多想起这里还有座赫拉神庙，于是问路易斯大叔。

"在这座神庙的北边就是他的妻子赫拉的神庙，我们一起去那边吧。"说完，路易斯大叔就向北边走去，多多和米娜紧跟其后。

没走多久，赫拉神庙就出现在三人的眼前。整座神庙外形狭长，有着斑驳印迹的褐色石柱屹立在神庙遗址之上，四周现存着许多根破碎的柱子，在赫拉神庙的背后，长满了绿意葱葱的树木。

"这就是赫拉神庙，它是地球上已知的最古老的有关运动的场所。它前面的广场上有个神坛。"路易斯大叔说。

"这个我知道，我看过奥运会的采集圣火的仪式，就是在赫拉神

庙举行。仪式中的那群少女梳着一样的发型，身穿古希腊白色长裙，她们气质高雅，仪态大方，像女神一般高贵。"多多抢着说。

"多多知道的东西还真不少呀！"路易斯大叔摸了摸多多的头，笑着说。

"哈哈，那当然！"多多得意地说。

"为什么圣火是在赫拉神庙采集呢？在主神宙斯的神庙里进行圣火采集的仪式不行吗？"米娜发问。

"是呀，我也觉得奇怪。按照道理说，宙斯是主神，而且又是个男性，这圣火采集的地址怎么选都应该是选宙斯神庙啊？"多多接着米娜的问题也发表了自己的看法。

"呵呵，有疑惑就提出来，这种敢问的精神很好。"路易斯大叔夸赞两人，说，"首先我要告诉你们，古希腊赫拉神庙祭坛上有'长

明圣火'，因此，赫拉神庙当
然是众多神庙中首选的'采集
仪式'场所；其次，刚才你们
也都看见宙斯神庙了，它的破
损程度十分严重，在众多神庙
建筑中，只有赫拉神庙保存的
最为完好，这也是选择赫拉神
庙的一个原因；再者，人们希
望现代奥运会在奥林匹亚精神
上能与古奥运会相连，因此从
1936年开始，现代奥运会的
圣火都会在赫拉神庙前的纳
姆菲翁神坛进行采集。"

　　"哦，原来如此！"
多多和米娜点点头。

　　"在这里还有一座博
物馆呢，里面收藏了从奥林匹亚发掘出来的珍贵文物，你们要不要去
看看？"路易斯大叔问。

　　"我们要去！"多多和米娜异口同声地回答。

　　于是三人就朝着博物馆走去。

第8章

奥林匹亚博物馆

路易斯大叔、多多和米娜三人爬上一个山坡，来到了一座被绿树环绕着的白色建筑面前。这座建筑的前方是一个广场，广场地面上整齐地铺着方形的石板，入口大门处竖立着4根纤细的柱子，透明玻璃大门敞开着，来这里参观的游客们络绎不绝。

"叔叔，这就是博物馆吗？"多多问。

"是的，在我们面前的就是奥林匹亚博物馆，里面收藏着从奥林匹亚遗址上发掘出来的珍贵文物。"路易斯大叔说完就对着奥林匹亚博物馆的正面拍了一张照片。

多多和米娜盯着眼前简朴的建筑，心想：在奥林匹亚遗址上会发掘出哪些文物呢？

三人朝着博物馆大门走去，走近大门口的时候，他们惊喜地发现，在博物馆门口两旁还有一条长长的走廊，在这宽敞的走廊里摆放了许多雕塑作品，有人、动物、石柱等。

"哇！好多雕塑，这些雕塑摆放在走廊里，是不是为了装饰走廊，以此营造气氛啊？"多多激动地问。

米娜也有同样的看法，盯着路易斯大叔。

"摆放在走廊里的这些雕塑作品，每一件都有悠久的历史哦！它们虽然珍贵，但还是被摆放在外

面，这种情形说明奥林匹亚的文物实在是太多了。不过把它们摆放在外面的走廊里，确实也能起到装饰和营造气氛的作用。"路易斯大叔对着走廊拍了几张不同角度的照片后，向两个小家伙介绍道。

路易斯大叔在外面拍好照片后，三人走进了博物馆大门，映入眼帘的是摆放在大厅入口处的奥林匹亚遗址的模型。有一面墙壁上还挂着一张从高空拍摄的奥林匹亚遗址全貌的照片，就好像是一张实物标注的地图，游客们可以领略到整个奥林匹亚遗址的风采。再往里去，是大大小小的展厅。

"我们到里面展厅去瞧瞧吧！我好想知道在这座奥林匹亚遗址上都出土了哪些文物。"多多对着路易斯大叔和米娜说。

"好的。"米娜也赞同，然后拉着路易斯大叔的手就走了进去。

三人走到了一个很大的长方形展厅里，展厅中间的空闲地方是供

游客行走的，展厅的三面存放着许多人物和动物的雕塑作品，这些雕像都有一定程度的损坏：有的少了胳膊，有的少了下半身，有的连头部都没有，只剩下健壮的躯干……这些人物雕像的动作也各有不同：有的昂首挺胸，有的手臂怀抱在胸前，有的手臂自然展开，有的单膝半跪，有的席地而坐，还有的趴在地上……

"这里怎么摆放了这么多破损严重的雕像？"多多皱眉问。

米娜左看右看，也没能从这些破坏严重的作品中看出什么。

"你们站在这些雕像群中间去看看。"路易斯大叔提醒他们。

多多和米娜站在中间，朝着两旁看去，惊喜地发现，这雕像群呈现一个三角形的外形。

"路易斯大叔，为什么把这些雕像摆放成一个三角形？"多多问。

"在奥林匹亚宙斯神庙的顶端有个三角楣，这些雕像就是装饰

在那里的，现在你们看到的景象就是按照它们原来的位置摆放的。右边这组中间最高的人像是阿波罗，它展现的是希腊神话故事'马人之战'。左边这组中间站着的是宙斯，它展现的是佩洛普斯和俄诺马俄斯的战马比赛。"路易斯大叔介绍着。

"哇，原来这里面还有两个故事。经过大叔的介绍，我再看这雕塑群，好像还真能看到故事！"多多惊叹道。米娜听完路易斯大叔的介绍后，也再次欣赏起这些雕像。

路易斯大叔趁着两个小家伙再次欣赏雕像的时候拍了很多照片。

路易斯大叔拍好照片，说："我们去瞧瞧本馆的镇馆之宝吧！"

"好的！"多多高兴地回答，米娜也点点头表示同意。

三人来到了另外一个展厅，看到了奥林匹亚博物馆的镇馆之宝——古典时期的《赫尔墨斯与小酒神》。展厅四周的光线十分暗淡，灯光都聚集在中间的雕像身上，明暗的强烈对比，更加突出了雕像，使得游客们不由自主地紧紧地盯着这座雕像。

　　大理石雕刻的《赫尔墨斯与小酒神》被灯光照射着，浑身散发出柔和的美感。赫尔墨斯有着完美匀称的身体比例，头、上肢、下肢处有自然的转折，呈现出"S"形站姿，他的左臂抱着年幼的狄俄尼索斯。赫尔墨斯抱着狄俄尼索斯的动作告诉了我们这件作品里蕴藏的故事，而狄俄尼索斯和垂在它身下长长的衣服则起到了支撑的作用，确保了这件作品的平衡性。

"哇！这件作品实在是太美了！"多多感叹道，米娜有点害羞地点点头。

"这件作品是在赫拉神庙的墙下发现的。赫尔墨斯左臂抱着的那个狄俄尼索斯就是小酒神。"路易斯大叔说。

"没想到这雕像保存得这么完美，通过它可以想象当时奥林匹亚有着多少壮观的建筑和雕塑作品。"多多说。

"奥林匹亚博物馆里还收藏了许多从遗址中发掘出来的文物，例如《胜利女神像》、《宙斯和伽倪墨得斯像》，还有动物头型的排水口。"路易斯大叔说。

"我们快去看看吧！"多多站在路易斯大叔和米娜的中间，拉起他们两人的手就转向别的展厅。

三人一个一个展馆参观过去。

米娜特别喜欢《胜利女神像》，奥林匹亚博物馆里的胜利女神像并不是雅典娜，而是雅典娜的随从"维多利亚"，这件雕塑作品原来是竖立在宙斯神庙东南方向的一个基座之上的。整件作品给人一种迎风飞翔的感觉，风迎面吹向女神，衣裙飘起，显露出女性优美的曲线，已经缺失的一对翅膀加上向后飘起的裙子，充分展现了女神在天空中飞翔的景象。

多多特别迷恋《宙斯和伽倪墨得斯》，这件作品是用陶土制作而成的。作品中的宙斯身穿长袍，露出结实的胸膛，左臂曲起，手拿一根棍子，右臂环抱着伽倪墨得斯，左腿弓起，右脚尖微微踮起，整个姿势有着向前行走的动态美。虽然这件作品是由陶土制成的，但是保存得却很完好。

路易斯大叔边走边拍着照片，三人在博物馆里都感受到了古奥林匹亚的迷人风采。

阿波罗

阿波罗是希腊神话中的光明之神，他是宙斯与勒托的儿子，在《书库》、《荷马史诗》等中都记载着阿波罗的故事。竖琴、弓剑、箭袋、三脚架常在他的雕塑作品中出现，是他的标志。阿波罗不仅长相俊美，而且多才多艺，他会弹琴，精通箭术和医术，还有预言能力。

第9章

爱琴海，我们来啦！

路易斯大叔、多多和米娜三人离开了奥林匹亚，继续他们的旅行。

"路易斯大叔，我们下一站要去哪里？"多多问路易斯大叔。

"多多，你看一下窗户外面。"路易斯大叔说。

"现在我们坐在飞机上，除了白云就是蓝天，这些我早就看厌了。"多多边说边朝窗外望去，映入眼帘的是湛蓝湛蓝的天空，视线往下寻去，一片与天空一样蓝色的海域出现在眼前，在海岸边还点缀着纯白的建筑。这样的蓝和这样的白，纯净到极致，这是在别的地方不能欣赏到的纯净之美。

"真美！"多多说。

"这次我们要去一个浪漫的地方！"路易斯大叔深情地说。

"在希腊能和浪漫两个字相关的地方就是爱琴海了。在爱琴海里，有很多很多的岛屿。喜欢浪漫的人们最喜欢去爱琴海，那里有着蓝色的天空和大海，还

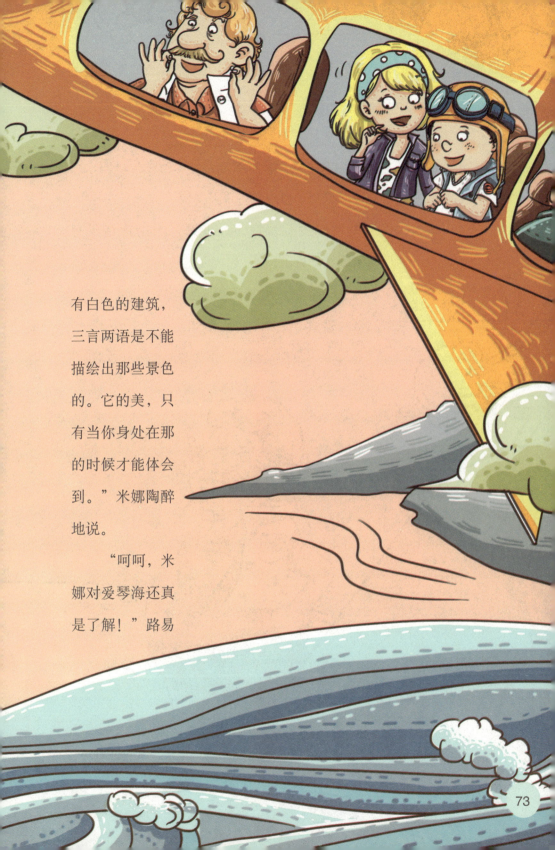

有白色的建筑，三言两语是不能描绘出那些景色的。它的美，只有当你身处在那的时候才能体会到。"米娜陶醉地说。

"呵呵，米娜对爱琴海还真是了解！"路易

斯大叔笑着说，"是的，我们下一站要去的正是浪漫的爱琴海！"

"太棒了！"米娜十分开心。

"你们女生就是喜欢浪漫，什么情呀爱呀的，我到了爱琴海只想去海边玩。"多多说。

"爱琴海可有着许多人梦寐以求的浪漫景色啊！"米娜在一旁说。

"是的，光是从刚才看到的色彩中，我就已经体会到浪漫的感觉。"多多领悟道。

"爱琴海，我们来啦！"多多和米娜一起欢呼。

　　路易斯大叔、多多和米娜三人爱琴
海之旅的第一站是波罗斯岛，它是由斯费里亚和
卡拉夫里亚两座小岛组合而成的小岛屿，美丽的风景
吸引了大量的游客，其中还有许多摄影爱好者。小岛上
的人们喜欢坐在港口咖啡店门外的椅子上，一边品尝香醇
的咖啡，一边欣赏宁静的海湾。

　　因为多多的强烈要求，三人到波罗斯岛后，直接奔赴
港口去看海了。

　　"大海啊！大海，我来啦！"多
多看见大海后就兴奋地嚷嚷起来。

　　"路易斯大叔，那边是什么？"米娜指着
对面一座岛屿问路易斯大叔。

　　"那是伯罗奔尼撒半岛，在它的海岸上有一大片
柠檬树林，人们会在每年的5月份赶过去欣赏盛开的柠
檬花海，五片花瓣的柠檬花就好像是天上的繁星落在伯
罗奔尼撒半岛，在海岸边玩耍时还能闻到香甜的花香。
从波罗斯港口乘船过去的话，只需要几分钟就可以抵
达。"路易斯大叔介绍说。

　　"那它岂不是一个香甜的海岸
了吗？我们现在就坐船过去感受一下

吧！"多多根本没有听全，就抢着说。

"现在过去可闻不到柠檬花香，因为现在不是5月份！"路易斯大叔说。

"太可惜了！"米娜说。

"如果要看柠檬树，波罗斯岛上也有。不过现在叔叔需要你们先陪我去拍点照片，收集素材。"路易斯大叔说。

"好的，我们先去拍照。"多多说，米娜也点点头表示同意。

三人从港口开始往岛的中心走去，波罗斯岛上房子的墙壁色彩以白色居多，在白色建筑的周围种满了葱翠的树木，其中有大量的橄榄树和柠檬树。这座依山而建的城市，远远望去，就好像是白帆点缀在绿色的海浪中。路易斯大叔一边走一边拍照。

三人爬到半山腰时，路易斯大叔停下脚步，转身朝着来时的方向拍了好几张照片，多多和米娜跟着路易斯大叔的镜头往回看，他们看见了红色的屋顶，就好像是一朵朵鲜艳的花朵绽放在绿树之间。

"这个角度看到的景色真的很美！"米娜发自肺腑地说。

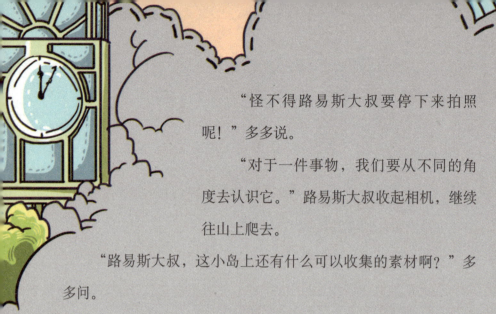

"怪不得路易斯大叔要停下来拍照呢！"多多说。

"对于一件事物，我们要从不同的角度去认识它。"路易斯大叔收起相机，继续往山上爬去。

"路易斯大叔，这小岛上还有什么可以收集的素材啊？"多多问。

"你们瞧那边！"路易斯大叔说，多多和米娜顺着路易斯大叔指着的地方看去，在绿树葱葱的高处出现了一座白色的钟楼。

"上面有钟楼！"多多惊喜地说。

"那是佐得波斯修道院的钟楼，是波罗斯岛的主要景点。我们要去那里拍点照片，人们需要披上黑袍才能走进修道院里面去，里面有拜占庭时期的壁画。除了修道院，我们还可以找到隐藏在草丛中的海神波塞冬的神庙遗址。"路易斯大叔回答。

"那我们快点去吧！"多多听到还有这么多景点可玩，开心地说。米娜也很期待。

于是，三人朝着目标继续前行。

第10章

海上花园

今天天气晴朗，路易斯大叔、多多和米娜三人一大早就离开了波罗斯岛，继续他们的旅行。

"路易斯大叔，这爱琴海中有许多的岛屿，我们接下来要去哪座岛屿啊？"多多转头问路易斯大叔。

米娜安静地盯着路易斯大叔，也期待着他的回答。心想：下一座

岛屿会是什么样的呢?

"你们知道《戴百合花的国王》这幅壁画吗?"路易斯大叔决定不直接说出岛屿的名字,而是说了一幅画让两个小家伙猜一猜。

"《戴百合花的国王》?我不知道。"多多摇摇头,心想:叔叔怎么说了一幅我不知道的画。

"我有点印象。"米娜突然说道,"这幅画上的国王头上、脖子上都佩戴着百合花,画面背景是一片美丽的百合花花丛。我想这个国王一定很喜欢百合花,说不定还有一个种满百合花的花园呢。"

"米娜,你知道的东西真多。"多多惊讶地发现米娜居然能回答出来,不由地夸赞道。

"我只是平时喜欢看看画册罢了,正巧给我看到了这幅画,如果要我深入介绍下去,我可就不会了。"米娜不好意思地说。

"你能把它的基本画面说出来,就已经很了不起了。"路易斯大叔赞赏道。

"呵呵,谢谢你们的夸奖。"米娜笑着说。

　　"我们这次要去的岛屿
和这幅壁画有什么关系吗？"
多多问，米娜也扭头看着路易
斯大叔，等待着他的回答。

　　"我们这次要去的是希
腊第一大岛克里特岛，在那
座岛上建造了一座名为克诺
索斯的王宫，《戴百合花的
国王》就保存在那座王宫的
墙壁上。"路易斯大叔解开
谜底。

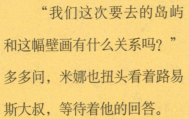

"希腊第一大岛？有多大啊！"多多惊叹地问路易斯大叔。

"能称得上第一大岛，当然是有很大的面积啦！这座岛上不仅有美丽富饶的自然环境，还有许多古代遗迹，是美到无法用语言形容的度假胜地。"路易斯大叔说。

"那我们快点出发吧！"米娜和多多齐声说。

"好！我们马上就出发！"路易斯大叔手一挥，三人开始了新的旅途。

他们这次乘坐大游轮去克里特岛，游轮在海里画出了一条美丽的波浪线条，就好像给蓝色的海面绣上了一条洁白的花边。

过了不久，一座巨大的岛屿出现在三个人眼前。两个小家伙望着这座岛屿感到很奇怪，在岛的西边长满了绿色的植物，而岛东部的植

物明显要少了很多。他们满怀疑惑，问路易斯大叔，为什么同在一座岛上，植被情况相差这么多。路易斯大叔告诉他们，这种沙漠和绿洲共存现象是因为在克里特岛上东西部有着不同的气候。

三人下了船登上了克里特岛，他们穿过热闹的港口，往山坡上的王宫遗址赶去。沿路，他们发现在东部平原处有大量的农田，里面种植着葡萄还有橄榄等。三人登上了凯夫拉山，山上的植被异常茂盛，形成了一个大森林，森林里面长满了松树。

"森林里有好多松树！"多多惊叹，心想：希腊不是橄榄树最多，为什么这里的松树这么多？

"是呀。"米娜也是第一次在希腊看到这么多的松树。

"这些松树是建造宫殿的重要材料。克里特岛上生长着许多种的绿色植物，漫山遍野盛开着鲜花，岛的周围是湛蓝的大海，这些让克里特岛成为爱琴海上一座美丽的花园。"路易斯大叔介绍。

"我如果能在这海上花园里生活就好了，多么浪漫的小岛啊！"米娜憧憬地说。

"可能就是因为克里特岛的浪漫优美，古希腊人才会来这里建筑宫殿的吧。"多多说。

"我已经迫不及待地想要看看那座宫殿了，它一定很美！"米娜激动地说。

三人加快了脚步，希望早点看到王宫。

很快，一个方形的建筑出现在他们的眼前，路易斯大叔告诉两个小家伙，那就是克诺索斯王宫。这座宏大的王宫是依靠着山体建造而成的，王宫在南北方向各有一个主要的入口，东边和西边还有较小的入口。走进王宫，一个长方形的庭院出现在眼前，环顾四周，中庭东边坐落着正殿，西边坐落着祭祀用的三层楼，南北方向的建筑中有当时大臣居住的地方，还有露天剧院等。

三人走在好像迷宫一样的廊道里，穿梭于各个建筑间，宫殿到处都装饰着壁画，在长廊中还有蛇神、蓝色的姑娘等画面，可见古代克里特人有着多么高超的绘画创作水平。

路易斯大叔把每一幅壁画都仔细地拍了下来，米娜非常喜欢王后

寝宫中舞女和海豚在水中嬉戏的画面。

他们费了好大工夫，才把整座克诺索斯王宫参观完。

路易斯大叔告诉两个小家伙，在这座岛屿上还有一座王宫的遗址，叫法伊斯托斯王宫，它位于在伊拉克里翁的南边。

多多和米娜一听还有一座王宫遗址，马上要求路易斯大叔带着他们去观看。

路易斯大叔带着两个小家伙下了山，直奔法伊斯托斯。

不久，三人看到了这座遗址，王宫遗址看起来比克诺索斯小点

儿，但却一点也不影响它的美。他们走在遗址上，依稀可以分辨出哪里是房间。

"一个岛上居然存在着两座王宫，这克里特岛还真是名不虚传，不愧是希腊的第一大岛。"多多感叹道。

"是的！"米娜也赞同。

"时间不早了，我们要回旅馆休息了，明天还有更精彩的旅程呢！"路易斯大叔看着渐晚的天色提醒他们。

三人整理好背包，赶回了旅馆。

壁画

　　壁画是指创作者以墙壁为画布，在其上面创作的画。它对建筑有着美化装饰作用。它也是最古老的一种绘画形式。壁画可以分为：装贴、刷底和粗底壁画，中国就有著名的敦煌莫高窟壁画。克诺索斯王宫里的壁画已经有三千多岁了，其内容丰富，画技高超，堪称古克里特文化的珍宝。

第11章

圣托里尼岛为什么像新月一样？

路易斯大叔、多多和米娜三人在克里特岛上待了好几天，把整座岛屿都逛了个遍，今天他们准备离开克里特岛，继续他们的旅行。

多多和米娜一大早就整理好了自己的行李，他们一起来到了路易斯大叔的房间。

"路易斯大叔，接下来我们要去哪座岛屿？"多多问着正在收拾东西的路易斯大叔。

　　"我们接下来要去的是圣托里尼岛，这座岛上有许多火山哦！"路易斯大叔简单地说。

　　"有许多火山的岛？那些火山还会喷发吗？"多多一听有火山，立马来了精神，急切地问路易斯大叔。

　　米娜也很好奇，紧紧地盯着路易斯大叔，等着他的回答。

　　"圣托里尼岛上的火山现在正在睡觉，随时都有可能苏醒，虽然它存在着很大的危险，但是岛上的居民却一点儿也不畏惧它的再次喷

发，而是勇敢地继续在这座活火山上建造自己的家园，和家人快乐的生活。"路易斯大叔放下手中的东西，眼睛望着两个小家伙说。

"作为勇士的我，一定要去圣托里尼岛，踩在火山的身体上过把瘾！"多多大声地宣布。

"我也很想去看！"虽然米娜很舍不得克里特岛，但是前方神秘的岛屿更加吸引她。

"呵呵，那我们可要快点赶路了！"路易斯大叔提醒。

"遵命！"多多和米娜齐声回答。

路易斯大叔、多多和米娜这次依旧选择乘坐大游轮来赶路。今天天气晴朗，三人都站在甲板上吹吹海风，欣赏天空和大海漂亮的蓝色。

　　大游轮在海上航行了一段时间后停了下来，路易斯大叔告诉两个小家伙，现在开始要换乘小船了，三人与其他游客们一起坐上了摆渡船。摆渡船带着大家离开大游轮身旁后，一座岛屿就出现在大家的视线里，路易斯大叔告诉多多和米娜，远处的岛屿就是圣托里尼岛。多多和米娜望去，映入眼帘的是一处深色的悬崖，在悬崖的顶上，连绵不断地竖立着一栋栋白色的建筑，与陡峭的深色山体形成鲜明的对比。

　　"这座圣托里尼岛上的绿色树木也太少了，跟之前见过的波罗斯岛一点儿都不能比，看起来好荒凉，不过那悬崖挺壮观的。"多多说。

　　"多多你说得对。"米娜点点头。

　　"呵呵，如果把波罗斯岛比喻成女人的话，那么这圣托里尼岛就可以比喻成男人。它们各有千秋，美的形态也是千变万化的。"路易斯大叔说。

"路易斯大叔，为什么在圣托里尼岛上会有这么险峻的崖壁，还有那崖壁的颜色也很特别。"多多问。

"我之前不是告诉你们这座圣托里尼岛上有火山了吗？我们现在看到的圣托里尼岛的独特样貌就是火山喷发造就的，火山口就在这悬崖之上，白色建筑之下。"路易斯大叔说。

"如果火山再次喷发的话，岛屿又要改变样貌了。但我不希望它喷发，因为如果火山喷发起来，住在这里的人们可就遭殃了。"多多皱眉说。

"是的。"米娜说。

"自然现象是人力很难改变的。"路易斯大叔拿着相机对着悬崖拍着照片，说，"如果我们从天空俯瞰这座岛屿的话，它的整体形

状就好像是弯弯的月牙儿，犹如天上的新月落入凡间，镶嵌在爱琴海上。而我们现在看见的悬崖就是月牙儿的内侧。"

"月牙儿一样的小岛，好像童话故事里才会出现的景象，真美妙！"米娜说。

"那就要感谢火山喷发了，这里在公元前1500年发生了一次威力极大的火山喷发，使地壳产生了翻天覆地的变化，岛的中心部分沉入海底，整座岛被分割成了三份，我们面前的悬崖就是当时地壳运动留下的裂痕。"路易斯大叔介绍说。

在路易斯大叔做介绍的时候，摆渡船已经到达了港口，三人下了船，米娜和多多抬头望了望悬崖，不禁感叹——这悬崖真是好高好陡！

"我们上车吧！"路易斯大叔站在大巴车门处喊。

"来了！"米娜和多多听到喊声，急忙赶了过去。

所有的游客都登上了大巴，大巴带着大家一起朝着圣托里尼岛的山上驶去。

"路易斯大叔，你看那边有一座小岛，它也是圣托里尼岛吗？"多多指着远处的一座小岛问。

路易斯大叔朝着多多指得方向瞧去，说："那是卡美尼岛，是圣托里尼岛的一部分，它是一座从海底冒出来的活火山，上面没有人居住。"

"它是活火山呀，如果人们居住在上面的话，确实很危险。"多多轻轻地嘀咕。

过了好一会儿，大巴载着大家来到了伊亚，到达这里的时候已经快接近傍晚了，路易斯大叔决定今天先住在山上，因为他要带着两个小家伙去欣赏圣托里尼岛著名的落日美景。

三人连晚餐都没顾得上吃，就在悬崖上找了一个视野开阔的地方

等待落日的到来。时间一点点地过去，他们朝着蓝色的地平线望去，太阳把天空、云彩和大海都染上了黄色、橘色和红色，最后烧得通红的太阳缓缓落入蓝色的海里。路易斯大叔对着眼前变幻的落日美景不断地按着快门，记录了"日落爱琴海"的浪漫景色。

"太美了！"米娜和多多惊叹道。

"我把它捕捉下来了，回去后你们可以慢慢欣赏落日美景。"路易斯大叔满足地举了举手中的相机。

伴着星空，路易斯大叔、多多和米娜三人心满意足地回到了旅店。

火山

　　火山是地球地壳下"液态区"中的高温岩浆穿过地壳喷发到地面上形成的山体。根据活动地区，一般把火山分为：形成一个环形状的环太平洋火山带、W形的大洋中脊火山带、东非裂谷火山带和地中海火山带。根据火山的活动情况可把火山分为：活火山、死火山和休眠火山。根据喷发的类型还可以分为：裂隙式、熔透式和中心式喷发。

第12章

你见过黑色的沙滩吗？

第二天，路易斯大叔、多多和米娜一起吃着早餐。

"路易斯大叔，今天我们要去哪座岛？"多多问。

米娜也期待地望着路易斯大叔。

路易斯大叔喝了一口咖啡，说："今天我们还是在这圣托里尼岛上活动，叔叔还要去拍些照片。"

"昨天我们拍了悬崖，也拍到了落日美景。这座岛上还有什么特别的景色吗？"多多不明白地问。

米娜也盯着路易斯大叔，她想知道这圣托里尼岛上还有什么值得去拍摄的景色。

"今天叔叔带你们去海滩玩！"路易斯大叔乐呵呵地说。

"海滩？那有什么好玩好看的，海滩我都去过好多次了！"多多不屑地说。

米娜也疑惑，心想：路易斯大叔可不会只为了去看海滩而耽误行程的，难道这圣托里尼岛上的海滩与别的地方的海滩不同？

"你们都知道这座岛上有火山，以前火山喷发的时候产生了许多火山灰粒，这些火山灰粒落在了沙滩上，形成一个独特的黑色沙滩，黑沙滩可是圣托里尼岛最著名的景点之一。"路易斯大叔绘声绘色地介绍着。

"黑色的沙滩？我还真没见过，那应该去瞧瞧，路易斯大叔也可以多拍点照片带回去。"多多兴奋地说。

米娜也吃了一惊，心想：沙滩上全是黑色的火山灰粒，那样的情景该有多稀奇，一定得去见识下这黑沙滩！

路易斯大叔、多多和米娜三人满怀着憧憬，快速吃完了早饭。因为今天不住在伊亚，所以他们在出发前都整理好了背包。

他们走运地搭乘了一位要去卡玛里的当地人的便车，四人从伊亚出发，朝着东南方向赶路。在路过费拉市中心的时候，当地人告诉他们这里的街道十分热闹，还有一座文化博物馆，邀请他们一定要去转转，如果想要尝试另类的交通工具，可以去试试骑驴……说着说着，当地人又骄傲地告诉三人，圣托里尼岛上还盛产葡萄，葡萄的种类多达三十几种，还有古老的品种——"阿西尔提可"葡萄。

"叔叔，这里的葡萄真有这么壮观？"多多不相信地问。

"当然啦，当地居民在种植葡萄树的时候很喜欢发明创造，他们把葡萄藤设计成篮子的形状，这样结出的葡萄就会被保护在里面。这里生产的葡萄酒也是很有名气的，等我们离开圣托里尼岛的时候，可以买一瓶回去好好品尝。"路易斯大叔说。

在不知不觉中，他们就到了离费拉市比较近的卡玛里海滩。三人谢过这位热心肠的当地人，就奔向了海滩。

卡玛里沙滩的外观就好像是一个长方形，在它的边上，有着白色墙壁的建筑，建筑旁摆放着桌椅以供游客休息。在沙滩上竖立着一长排太阳伞，上面都用草铺盖着，形形色色的游客们或是坐在太阳伞下休息，或是躺在沙滩上晒太阳。

　　多多和米娜惊奇地发现，卡玛里海滩上沙的颜色果然与以前见过的沙不同，这里的沙滩是黑色的，就连靠近沙滩的海水也是黑色的。

　　"太神奇了，这些黑色的沙粒都是火山灰粒吗？"多多半信半疑地问。

　　"当然了，这黑沙滩是圣托里尼岛上的火山运动造就的，除了这卡玛里海滩，还有南面的柏莉萨沙滩的沙也是黑色的。"路易斯大叔介绍说。

趁着路易斯大叔拍照的空隙，多多和米娜脱掉鞋袜和外套，就跑向了沙滩。

　　"米娜，米娜，快来看！"多多抓起一把沙，就叫唤着米娜一起过来瞧。

　　米娜靠近多多，两人细细地观察着手中沙，黑黑的，每一颗沙粒的大小都不相等。心想：火山灰粒原来就是这样的呀。

　　"这里的海水受火山地质的影响，是十分纯净的，你们不妨下水玩玩。"路易斯大叔提醒两个盯着黑沙的孩子。

　　"好啊！"多多和米娜把手中的沙撒到了沙滩上，一前一后地冲进了海水里。

　　"好凉快！"多多大声喊。

　　"是呀！"米娜说。

　　在两个小家伙玩水的时候，路易斯大叔用相机为他们留下了美丽的影像。

火山灰

火山灰是岩浆喷发形成的岩浆雾凝固而成的。火山灰的用途广泛，人们可以用它来做很多事情，比如用来制造建筑材料，牙膏等日用品，沥青、油漆等石油化工品。但是火山灰对人类而言也有一定的危险，它会影响气候，影响人和动物的呼吸系统，影响飞机航行等。

第13章

你去过最接近天堂的小岛吗？

路易斯大叔、多多和米娜三人在圣托里尼岛待了两天，拍到了许多美景。今天三人整理好行囊，继续前行。

"叔叔，今天我们要去哪里？"多多问路易斯大叔。

"你们知道天堂在哪里吗？"路易斯大叔没头没脑地冒出一个问题。

"天堂，在天上？"多多指着蓝天，困惑地说。

米娜什么都不说，诧异地盯着路易斯大叔。

"你们认为天堂是一个怎样的地方？"路易斯大叔继续问两个小家伙。

"天堂是人们幻想出来的美好地方，和地狱正好相反。"多多说。

"天堂是一个人人都想要去的地方，在那里没有痛苦，也没有烦恼，只有好人才能上天堂。"米娜说。

"在现实中，其实也有很多人间天堂，在爱琴海上的众多岛屿中就有'天堂'。这次我们要去的是有着'最接近天堂'美名的米克诺斯岛，它属于基克拉泽斯群岛。"路易斯大叔简单地介绍了下此次的目的地。

"最接近天堂？这个美名也太诱人了吧！"多多吃惊地说。

"这米克诺斯岛上有怎样的美好生活，居然能被称为'最接近天堂'的小岛？"米娜也很惊讶。

"等你们到了那座小岛上，可以亲自去体会下岛上的风采。"路易斯大叔没有直接给出答案，这样的回答吊足了两个小家伙的胃口。

"那我们还等什么，赶紧启程吧！"多多迫不及待地说，米娜也兴奋地点点头。

路易斯大叔、多多和米娜三人乘坐着渡轮，向着米克若斯岛的方向起航。

渡轮在海上航行的时候遇见了一些小岛，每一座小岛上都有着类似的建筑，如此相似的小岛迷惑了多多和米娜的双眼，他们以为已经到了米克诺斯岛，但路易斯大叔告诉他们，那些岛都不是，它们和米克诺斯岛一样都属于基克拉泽斯群岛。

"这么多小岛，哪一座才是米克诺斯岛呀？"多多心急火燎地问。米娜也焦急地盯着路易斯大叔。

　　"米克诺斯岛与其他的岛屿是有区别的，如果你瞧见哪座小岛上有风车，那么它就是我们要去的米克诺斯岛。"路易斯大叔给了他们一个小提示。

　　多多和米娜伸长脖子在群岛之中搜索，最后在渡轮前方的一座小岛上，发现了风车建筑。

　　"路易斯大叔，我看到风车了。我们到米克诺斯岛了！"多多高兴地说。

　　米娜盯着远处的风车，那是在别的小岛上没有见过的白色建筑，

感受到了米克诺斯岛与别的小岛的
区别。

　　这些建筑有的建造在山上，有的临着海边建造，墙
壁采用了希腊人常用的白色，但门和窗户的颜色却与别
处不太相同。别的小岛上的门窗大多采用蓝色，而这里的门窗则是用
的蓝色、绿色、红色、橙色等等，在色彩的使用上更加丰富。

　　渡轮停靠在码头，路易斯大叔、多多和米娜三人从码头出发向左
走去，在那边有一座白色的教堂。这座教堂的造型十分有趣，就好像
是没有竣工一样，随意的建筑线条，让人的心也随之放松了下来。

　　路易斯大叔对着这座教堂拍了几张照片之后，三人就朝着远处

风车的方向赶去。在街道小巷里行走时，他们发现这里的房子都是平顶，房顶是由一块块大石头垒起来的。路易斯大叔告诉两个小家伙，那是因为这里的冬天会刮起巨大的海风，风的力量大到可以把整个房顶吹走，所以聪明的米克诺斯岛居民就想到了用巨石制作结实的房顶，这样就可以安心度过一个温暖的冬天了。

没过多久，三人就来到了西南面的一个小山丘上，山丘上有5座风车，屋顶上用晒干的茅草覆盖着。这些风车是当地居民用来磨粮食的，风车的外部结构也与荷兰风车不同，就好像是自行车的轮子，由数根细长的棍子交叉组成。路易斯大叔告诉多多和米娜，这些风车是米克诺斯岛上的标志性建筑，因此，"风车之岛"是它的另外一个名字。

路易斯大叔、多多和米娜三人站在这小山丘上望向四周，开阔的视野让他们欣赏到小岛更多的风景。

"你们要去海滩玩吗？"路易斯大叔问他们。

"又去海滩，这里的海滩有什么特别的地方吗？"多多和米娜显然还沉浸在黑色沙滩的回忆中，对其他的海滩不怎么感兴趣了。

"当然有不同的地方，如果你想要在爱琴海上体验天堂般的生活，就必须去米克诺斯岛的海滩。"路易斯大叔神秘地说。

"这么说来，这海滩的特别之处和'天堂'有关？"多多大胆地问路易斯大叔。

米娜也期待地望着路易斯大叔，等着他的回答。

"这里的海滩可是这附近岛屿中最受欢迎的哦，它叫'天堂海滩'，不管男女老少都会去那里享受'天体浴'。"路易斯大叔陶醉地说。

"不管享受什么沐浴，光是冲着它的名字，我们就应该去瞧瞧。"多多兴奋地说。

　　"我也想去看看，但我不需要'天体浴'。"米娜害羞地说。

　　"好，我们就去瞧瞧。"路易斯大叔和两个小家伙就朝着海滩的方向出发了。

　　他们来到天堂海滩，看见沙滩上有的人全裸着，有的人半裸着，这些人都悠哉地在沙滩上躺着、坐着或行走着，一点都不会因为自己和别人暴露的身体感到羞愧与难堪。米娜和多多真正领略到了无拘无束的感觉，这里就好像是亚当和夏娃的伊甸园。

　　这种与世隔绝的天然享受，真是应验了那句俗语"此景只应天上有，人间能得几回见"，称它为"天堂"一点都不虚假。

基克拉泽斯群岛

　　基克拉泽斯群岛位于爱琴海南部，由39座岛屿组成。基克拉泽斯群岛中面积较大的岛屿有：阿莫尔戈斯岛、阿纳菲岛、安德罗斯岛、提洛岛、米洛斯岛、伊奥斯岛、基斯诺斯岛、米科诺斯岛等。每座岛屿有着相似的美景，但美景又各具特色。群岛上有着丰富的矿产，以大理石为主。

第14章

不眠之城

　　"路易斯大叔，这次我们要去哪里啊？"米娜问路易斯大叔。

　　"是呀，路易斯大叔，我们去哪？"多多等不及路易斯大叔回答，就又问了一遍。

　　"这次我们要去的地方是希腊北部的塞萨洛尼基，它是希腊第二大城市。"路易斯大叔说。

　　"这塞萨洛尼基是第二大城市啊，那一定有很多好玩的地方！"多多兴奋地说。

114

"是的！"米娜也很开心。

"呵呵，塞萨洛尼基确实是一个很好玩的地方。"路易斯大叔笑呵呵地说。

多多听路易斯大叔说有好玩的，就兴奋地说："那我们还等什么？快点出发吧！"

"我们现在就出发！"路易斯大叔手一挥，领着他们向机场进发。

路易斯大叔、多多和米娜三人登上飞机，朝着哈尔基季基半岛西北部的塞萨洛尼基州飞去。

　　经过一段时间的航行，三人终于来到了塞萨洛尼基，他们到机场的时候已经接近傍晚，天色渐渐变暗。

　　"我们来得真不巧，现在都傍晚了，看这天色，马上就全黑了，景点都不能去逛了。"多多撇了撇嘴，失望地说。

　　"是啊！"米娜瞧着渐渐暗淡的暮色，也提不起精神来。

　　"小家伙们，怎么啦？"路易斯大叔从他们身后赶了过来，瞧见两个小家伙的脸色都不好，关心地问他们。

　　"路易斯大叔，瞧你选的航班！"多多抱怨道。

　　米娜手指落日，示意现在已经是傍晚了。

　　"呵呵，时间刚刚好。"路易斯大叔笑着说。

　　"请大叔告诉我们，这种情况好在哪里？"多多问。

　　"前段时间我们总是白天逛街，这次我们要晚上逛街。来到塞萨

洛尼基如果不去逛夜市的话，可太对不起它'不眠之城'的称号了！这座城市有着丰富多彩的夜生活，这样的题材正好为我的游记添上美妙绝伦的一笔。"路易斯大叔简单地解释了一下为什么会选择在黄昏的时候来到这里。

"夜生活，太刺激了！我们可以跟着叔叔尽情地玩了！"多多听了路易斯大叔的介绍后，瞬间来了劲。

"如果不是太晚睡觉的话，我还是可以去逛夜市的。"米娜有所保留地说。

"既然没有问题了，那让我们在睡觉前，尽情地感受一下塞萨洛

尼基给我们带来的'夜生活'吧！"路易斯大叔大声地宣布。

"好的！夜生活，我们来啦！"多多兴奋地跳了起来。

三个人决定去许多人都喜欢去的麦洛斯，他们在机场附近一家俱乐部门口坐上了去麦洛斯的车。

"没想到一出机场就遇见了俱乐部。"多多激动地说。

"这座城市里有许多俱乐部，里面还会提供现场音乐，这也算是俱乐部的一大特色。"路易斯大叔说。

汽车载着三人在塞萨洛尼基夜晚的路上行驶着，多多和米娜这次算大开眼界了，真正领略到夜生活的风采。在道路两边，随处可见俱乐部、舞厅、钢琴吧等。路上的行人也很多，大家都在感受着城市夜晚的魅力。

司机十分热情地为他们介绍着这座城市，告诉他们在9月中旬结

束的"塞萨洛尼基国际电影节"有多么的热闹，为他们的晚来而叹息。但他也让三个人们不要难过，因为这里还有更多值得去欣赏的景点，例如：巴斯里克剧院、骑着马的亚历山大大帝塑像、众多的博物馆等。司机还提醒三人，一定要去尝尝当地特色的美食。

快乐的聊天总是让时间过得飞快，他们已经到了麦洛斯，映入眼帘的是一座风车磨坊建筑，这座风车磨坊已经在岁月的流逝中改变了它本来的作用。在这里，多了许多俱乐部和餐厅的建筑，有种亦古亦今的别样风采。

路易斯大叔只在风车旁拍了几张照片，并没有打算去俱乐部里玩乐，因为多多和米娜还是孩子。拍完照后，路易斯大叔就带着两个孩子去吃晚餐，他们品尝了一种包裹着许多奶油的三角形派，两个孩子开心极了，这种美食一下子就抓住了他们的注意力，最后他们还去了

亚里斯多德广场那边的咖啡馆，品尝了里面美味的冰淇淋。

一路饱尝美食之后，三人摸着圆鼓鼓的肚子，找了一家旅馆住了下来。因为之后他们还要更尽情地继续参观这座城市。

几天下来，路易斯大叔，多多和米娜心满意足地逛完了塞萨罗尼基的景点。今天他们即将离开，在希腊的日子带给大家太多惊喜，太多感慨，也有太多不舍。